TRAITÉ
ET
CONVENTIONS,

Pour les Malades, Blessés & Prisonniers de guerre
des Troupes de Sa Majesté Très-Chrétienne
& de Sa Majesté le Roi de Prusse.

NOUS,

PIERRE-FRANÇOIS, Marquis DE ROUGÉ, Maréchal des camps & armées du Roi :

JEAN-HENRI-GUILLAUME, Baron DE BUDDENBROCK, Général-Major de Sa Majesté le Roi de Prusse, & Chevalier de l'Ordre de Saint Jean de Jérusalem.

Au nom de Sa Majesté Très-Chrétienne ;

Au nom de Sa Majesté le Roi de Prusse ;

SAVOIR FAISONS, qu'en vertu des pleins-pouvoirs qui

A

nous ont été donnés, & que nous nous sommes communiqués, nous avons fait le présent Cartel, pour avoir lieu, par échange & par rançon, entre les Troupes de Leurs Majestés Très-Chrétienne & Prussienne; & que nous sommes convenus que les Articles ci-après énoncés, auroient leur pleine valeur & entière exécution, tant pour les Prisonniers qui ont été faits ci-devant, que pour ceux qui pourroient être faits de part & d'autre par la suite.

ARTICLE PREMIER.

TOUS les Prisonniers de guerre, de quelque qualité, espèce ou condition qu'ils puissent être, sans aucune réserve, qui ont été faits depuis la présente guerre entre les troupes des deux Puissances, & dans quelque pays que ce soit, seront échangés ou rançonnés aussi-tôt après la ratification du présent Cartel, le plus diligemment que faire se pourra, ainsi qu'il sera plus amplement expliqué dans l'article XXV du présent Traité, & M.^{rs} les Généraux respectifs, commandant les armées belligérantes & auxiliaires, conviendront entre eux à l'avenir des endroits où se feront réciproquement les échanges ou rançons des prisonniers qu'on se rendra de part & d'autre.

II.

TOUS les Prisonniers de guerre desdites Troupes, sans aucune réserve, qui seront faits de part & d'autre après le premier échange ou rançon, seront rendus de bonne foi quinze jours après leur détention, ou, aussi-tôt que faire se pourra, par échange de Prisonniers de pareille charge ou équivalence, ou autre, en faisant compensation du plus au moins, ou payeront leurs rançons sur le pied qu'elles seront ci-après marquées, savoir, en florins d'Allemagne à compter à soixante creutzers de part & d'autre, faisant deux livres dix sols argent de France.

I I I.

LE préfent Cartel ne difpofe en aucune façon de l'échange ou rançon des prifonniers faits ou à faire fur les Troupes Pruffiennes qui fe trouvent ou pourroient fe trouver à l'avenir à l'armée alliée commandée par Son Alteffe Monfeigneur le Duc Ferdinand de Brunfwick; c'eft en vertu de la convention de l'Éclufe, que leur échange ou rançon doit avoir lieu: & par conféquent les prifonniers faits ou à faire par les armées de France fur lefdites troupes de Sa Majefté le Roi de Pruffe, font à échanger ou rançonner le plus tôt que faire fe pourra, vis-à-vis des prifonniers François faits ou à faire par ladite armée alliée.

I V.

IL fera tenu un livre des prifonniers faits dans les armées belligérantes & auxiliaires, dans lequel il fera marqué le nombre qui fera renvoyé de part & d'autre dans chaque mois, afin qu'au premier du fuivant il foit envoyé de chaque côté un état de ce qui aura été reçû & rendu, pour que huit jours après il foit payé exactement & fans difficulté le nombre excédant qu'un parti devra à l'autre: l'on comptera auffi des avances qui auront été faites auxdits Prifonniers, pour qu'elles foient rembourfées en même temps, & que tous les comptes foient arrêtés, fans qu'ils puiffent être portés au mois fuivant; & au premier échange ou rançon defdits prifonniers de part & d'autre, on fe liquidera de toutes les avances qui leur auront été faites, fur des états valables qui feront produits.

V.

TOUTES les fois qu'il fera renvoyé des prifonniers d'une part ou d'autre, on y joindra un état qui fera remis au Commandant du lieu où ils auront été conduits, lequel donnera un reçû de la quantité & qualité qu'il recevra, pour être compté chaque mois, ainsi qu'il est dit ci-dessus.

V I.

ET afin qu'il n'arrive aucune contestation ni difficulté, tant par rapport aux postes & qualités des Officiers de part & d'autre, que des rançons qui devront être payées pour chacun d'eux, il a été estimé à propos de spécifier ci-après les postes & charges qui sont dans ces armées belligérantes & auxiliaires, & marquer le prix d'icelles.

V I I.

Charges & Officiers servant dans les Armées & Garnisons de Sa Majesté Très-Chrétienne.	Florins d'Allemagne.	*Charges & Officiers servant dans les Armées & Garnisons de Sa Majesté le Roi de Prusse.*	Florins d'Allemagne.
Général d'Armée ou Maréchal de France.	25000.	Feld-Maréchal.	25000.
		Général de Cavalerie, d'Infanterie ou d'Artillerie.	10000.
Lieutenant général	5000.	Lieutenant général	5000.
Grand-Maître d'Artillerie	6000.	Grand-Maître d'Artillerie	6000.
Maréchal-de-camp.	1500.	Général-major	1500.
Colonel général de la Cavalerie.	2000.		
Colonel général des Dragons	1500.		
Mestre-de-camp général de la Cavalerie.	1500.		
Mestre-de-camp général des Dragons	1000.		
Commissaire général de la Cavalerie.	1000.		
Brigadier de Cavalerie ou de Dragons	900.		

	Florins d'Allemagne.		Florins d'Allemagne
Brigadier d'Infanterie. . . .	700.		
Major général d'Infanterie. .	500.		
Maréchal général des logis de l'armée.	500.		
Maréchal général des logis de la Cavalerie.	100.		
Majors de brigade, tant de Cavalerie, Dragons qu'Infanterie.	150.	Major de brigade.	150.
Inspecteurs d'Infanterie, Cavalerie & Dragons . . .	150.		

Les Aides-de-camp payeront suivant le grade ou le brevet qu'ils auront dans l'armée.

Intendant d'armée ou des provinces.	650.	Conseiller privé des finances.	650.
Subdélégué ou Ordonnateur de la guerre.	250.	Conseiller de guerre ou de Cour.	250.
Commissaires des guerres. .	150.		
Le Général des vivres. . . .	300.	Commissaire général des vivres.	300.
Trésorier de l'extraordinaire des guerres	250.	Trésorier de campagne ou Kriegs-zahl-meister . . .	250.
Principal Commis de l'extraordinaire des guerres de chaque armée.	150.		
Les autres Commis de l'extraordinaire des guerres. .	50.		
Principal Commis des vivres.	150.		

Les Aides-de-camp payeront suivant le grade ou le brevet qu'ils auront dans l'armée.

Le Commissaire des guerres, les autres Commissaires, le Maître général de la boulangerie, les Maîtres de boulangerie, le premier Valet de boulangerie & les autres Valets de boulangerie, payeront un mois de leurs gages.

Moindres Commis & Contrôleurs des vivres des armées & places.	50.	Maître général des chariots. .	50.
Capitaine-Vaguemestre . . .	50.	Capitain-Wagenmeister ou le Quartier-maître-fourrier de l'armée.	50.

Florins d'Allemagne

Capitaine des Guides. . . .   50.

Les Guides à cheval de leurs compagnies, feront traités comme dans la Cavalerie.

Florins d'Allemagne.

Premier Auditeur. . . . . .   40.

V I I I.

GENDARMERIE.

Le Brigadier de la Gendarmerie. . . . .   550.

Le Capitaine des Gardes-du-corps de Sa Majesté . . .   1000.

Le Capitaine-lieutenant des Gendarmes de la Garde. .   1000.

Le Capitaine-lieutenant des Chevaux-légers de la Garde.   1000.

Les Capitaines-lieutenans des deux compagnies des Mousquetaires. . . . .   1000.

Le Lieutenant de la Garde-du-corps du Roi. . . . .   1000.

Le Sous-lieutenant des Chevaux-légers de la Garde. . .   1000.

Les Sous-lieutenans des deux compagnies des Mousquetaires. . . . .   1000.

Les Enseignes des Gardes-du-corps du Roi. . . . .   500.

L'Enseigne & Guidon des Gendarmes de la Garde. .   500.

Les Enseignes & Cornettes des Mousquetaires. . . .   500.

Les Cornettes des Chevaux-légers de la Garde. . . .   500.

Le Major des Gardes-du-corps du Roi. . . . .   300.

Les Officiers des Gardes-du-corps & des Gendarmes, feront échangés ou rançonnés selon les rangs qu'ils auront dans la Cavalerie; quant aux Gardes-du-corps & aux Gendarmes, ils payeront un mois de leur paye.

	Florins d'Allemagne.
Les deux Aides-majors des Gardes-du-corps du Roi. .	150.
Le Capitaine des Gardes de Mgr le Duc d'Orléans. . .	1000.
Le Lieutenant des Gardes-du-corps de Mgr le Duc d'Orléans.	300.
Les Capitaines - lieutenans de la Gendarmerie	750.
Les Sous-lieutenans des compagnies des Gendarmes. .	375.
Les Enseignes & Guidons des compagnies des Gendarmes.	250.
Les Capitaines - lieutenans des Chevaux-légers de la Gendarmerie	500.
Les Sous-lieutenans des Chevaux-légers	250.
Les Cornettes des Chevaux-légers.	150.
Le Major de la Gendarmerie.	250.
L'Aide-major de la Gendarmerie.	125.
Les Sous-aides-majors de la Gendarmerie.	62½.

Les Exempts des compagnies des Gardes-du-corps, & Maréchaux-des-logis de toutes les compagnies ci-dessus, les Brigadiers, Sous-brigadiers, Gardes-du-corps, Mousquetaires, Gendarmes & autres desdites compagnies ci-dessus, payeront un mois de leurs appointemens.

Et à l'égard de la compagnie des Grenadiers à cheval de la Maison du Roi, les Officiers & Grenadiers de ladite compagnie, payeront un mois de leurs gages.

IX.

GARDES-FRANÇOISES ET SUISSES.

	Florins d'Allemagne.
Le Colonel des Gardes-françoises	1500.
Le Lieutenant-colonel	750.
Le Major	300.
Le Capitaine	150.

Les Lieutenans, Aides-majors, Sous-lieutenans, Enseignes & autres jusqu'aux Soldats compris, payeront un mois de leur solde.

La Prevôté ne payera rien.

Le Colonel général des Suisses	600.
Le Colonel des Gardes-Suisses	300.

Les Capitaines-lieutenans, & autres Officiers & Soldats des Gardes-suisses, payeront de même que les Gardes-françoises.

Les Officiers de la Garde à pied, payeront suivant les rangs qu'ils auront dans l'Infanterie ; & les Sergens & Soldats, payeront un mois de leurs gages.

X.

INFANTERIE.

	Florins d'Allemagne.
Le Colonel d'Infanterie	600.
Lieutenant-colonel	300.
Majors	120.
Capitaine	70.
Aide-major ou Adjudant	30.

INFANTERIE.

	Florins d'Allemagne.
Le Colonel d'Infanterie	600.
Lieutenant-colonel	300.
Majors	120.
Capitaine	70.
Adjudant	30.

Florins d'Allemagne.

Lieutenans. . . . . 24.
Sous-lieutenans ou Enseignes. 20.

Les Sergens. . . . . 10.

Les Caporaux, Anspessades,
Tambours, Fifres, Haut-
bois & Soldats . . . . . 4.
La Prevôté ne payera rien.

L'Infanterie étrangère, ou les régi-
mens des provinces ou milices, seront
traités comme l'Infanterie françoise, tant
pour l'Officier que pour le Soldat.

Florins d'Allemagne.

Lieutenans. . . . . 24.
Enseignes . . . . 20.
Quartier - maître d'un régi-
ment. . . . . 30.
Auditeur. . . . . 24.
Les Sergens . . . . 10.
Maître des chariots. . . . . 8.
Maître des logis . . . . . . 8.

Le Tambour-major, Porte-
enseigne, Fourrier, Capi-
taine - d'armes, Caporal,
Haut-bois, Tambour, Fifre,
Grenadier, Appointé, Aide
du Fourrier, simple Fan-
tassin, Armurier, payeront. 4.

Les compagnies-franches, les bataillons de garnison & les milices, seront
traités sur le pied de l'Infanterie, tant
pour l'Officier que pour ce qui est du
Soldat.

X I.

CAVALERIE, CARABINIERS
ET HUSSARDS.

Mestre-de-camp ou Colonel.. 700.
Lieutenant-colonel . . . . 300.
Major. . . . . 150.
Capitaine . . . . 100.
Aide-major. . . . . 40.
Lieutenant. . . . . 40.
Cornette ou Lieutenant ré-
formé. . . . . 30.

CAVALERIE, CUIRASSIERS,
CARABINIERS ET HUSSARDS.

Colonel. . . . . 700.
Lieutenant-colonel . . . . 300.
Major. . . . . 150.
Capitaine . . . . 100.
Adjudant . . . . 40.
Lieutenant. . . . . 40.
Cornette. . . . . 30.

Quartier - maître d'un régiment. . . . . 30.

A v

Maréchal-des-logis d'une compagnie	Florins d'Allemagne. 14.
Trompettes & Timbaliers. .	10.
Brigadier, Cavalier, Sellier, Maréchal	7.

	Florins d'Allemagne.
Auditeur.	24.
Wachtmeister ou Maréchal-des-logis	14.
Écuyer.	10.
Maître des chariots.	10.
Timbaliers, Trompettes & Hautbois	10.
Le Quartier-maître des compagnies, Porte-enseigne, Caporal, Sellier, Cavalier, Maréchal, Armurier. . .	7.

X I I.

D R A G O N S.

Le Colonel, Lieutenant-colonel, Major & Capitaine, payeront leur rançon sur le pied de la Cavalerie; les Officiers au dessous du Capitaine jusqu'aux simples Dragons, payeront comme l'Infanterie.

D R A G O N S.

Le Colonel, Lieutenant-colonel, Major & Capitaine, payeront leur rançon sur le pied de la Cavalerie; les Officiers au dessous du Capitaine jusqu'aux simples Dragons, payeront comme l'Infanterie.

X I I I.

A R T I L L E R I E.

Lieutenant général d'Artillerie en charge. . . . . 700.

Les Capitaines & autres Officiers des compagnies d'Ouvriers, ainsi que les Charrons, Bourreliers, Artificiers, Maréchaux & autres Ouvriers desdites compagnies, de même que les Conducteurs des chariots, payeront un mois de leur solde.

A R T I L L E R I E.

Les Colonels, Lieutenans-colonels, Majors, Capitaines & autres Officiers, payeront suivant leurs rangs comme les autres Officiers de l'Infanterie.

L'Artificier, Bombardier, autres bas Officiers d'Artillerie, Hautbois, Timbalier, Tambour, Canonnier, Pontonier, Mineur, Écuyer, Maître des chariots, Préposés pour les chevaux, Valets d'Artillerie, Écrivain, Gens pour les chariots, maître Maréchal, Valets, Sellier, Charpentier & Compagnons, Manœuvre, Médecin des chevaux, payeront un mois de leur solde.

X I V.

RÉGIMENT ROYAL-ARTILLERIE.

Le Colonel commandant un bataillon dudit régiment, le Lieutenant-colonel, le Major & les autres Officiers, seront traités comme l'Infanterie françoise, ainsi que les Canonniers, Bombardiers & Fusiliers desdits bataillons.

Les Officiers détachés des bataillons dudit régiment, sans troupes, pour faire le service des places, ou qui y seront attachés par leur retraite, payeront un mois de leur solde.

X V.

Les Officiers & Soldats des compagnies de Mineurs, payeront un mois de leur solde.

L'article XIII dispose des Mineurs.

X V I.

INGÉNIEURS.

	Florins d'Allemagne.
Ingénieur général de France.	150.
Les Ingénieurs en chef des armées, villes & provinces.	75.
Tous autres Ingénieurs servant dans les armées ou garnisons.	50.
Entrepreneur des fortifications.	25.
Piqueurs, ou autres Employés dans les fortifications.	15.

INGÉNIEURS.

Les Officiers des Ingénieurs, des Mineurs & des Pontons, sont mis en égalité avec ceux de l'Artillerie, & les simples Soldats de ces corps avec les Canonniers.

XVII.

COMPAGNIES FRANCHES DE DRAGONS *ou* D'INFANTERIE.	COMPAGNIES FRANCHES DE CAVALERIE *ou* D'INFANTERIE.
Les Officiers en pied & réformés desdites compagnies, les Dragons & Soldats qui les composent, seront échangés d'homme & de cheval pour homme de son espèce ; il en sera usé de même pour l'Infanterie ; & pour leur rançon, au défaut d'échange, ils payeront, tant Officier en pied que réformé, Dragons & Soldats, un mois de leurs appointemens ou solde.	Les Officiers ou Soldats des compagnies franches à cheval, seront échangés ou rançonnés comme la Cavalerie ; pour ceux qui sont à pied, il en est comme de l'Infanterie, tant pour les Officiers que pour le Soldat.
	Le corps des Chasseurs à cheval & à pied qui appartiennent à l'armée, & qui ont prêté serment en conséquence, payeront, les Officiers & Chasseurs à cheval, comme la Cavalerie ; & ceux qui sont à pied, comme l'Infanterie.

XVIII.

LES Gouverneurs, Commandans, Lieutenans de Roi, Majors, Aides-majors, Capitaines des portes des places, payeront de part & d'autre pour leur rançon, un mois de leurs appointemens ; & s'il arrive qu'ils aient d'autres charges, dont ils tirent actuellement des appointemens plus hauts, ils payeront sur le pied de ladite charge ; & d'autant qu'aucuns Lieutenans de Roi, Commandans ou Majors des places ne tirent aucuns appointemens en cette qualité, leurs rançons seront réglées sur le pied de la plus haute charge qu'ils exercent.

XIX.

TOUS ceux qui exercent différentes charges, payeront leur rançon sur le pied de la plus haute charge qu'ils possèdent ; & à proportion d'icelle, seront échangés ou payeront leur rançon sur le pied qu'il est dit, sans que de part & d'autre on puisse répéter à un Officier fait prisonnier, un échange ou une rançon plus forte que fur le pied du grade dans lequel il étoit employé dans l'armée ou dans les places.

X X.

To us autres Officiers qui pourroient avoir été oubliés dans ce Cartel, feront relâchés dans quinze jours, en payant un mois de leurs appointemens; & s'il y avoit quelque contestation touchant la qualité ou appointemens de quelques Officiers prifonniers, on s'en rapportera de part & d'autre au certificat du Général de l'armée, ou Commandant de la province, ou du Gouverneur de la place voifine.

X X I.

To us les Officiers réformés, faifant fervice militaire, ne payeront qu'un mois des appointemens dont ils jouiffent.

X X I I.

Les Volontaires fervant dans les armées, qui n'ont aucun grade, feront renvoyés de part & d'autre fur le champ, & auront la liberté de continuer à fervir dans les armées où ils font attachés; mais ceux qui ont des grades feront échangés comme les troupes defdites armées.

X X I I I.

Le Prevôt général, fes Lieutenans, & autres Officiers & Gardes de la Connétablie; l'Auditeur général, fon Lieutenant & autres; les Directeurs, Secrétaires & Chancelliftes des Chancelleries de guerre, Secrétaires des Généraux & Intendans, des Tréforiers, du Commiffariat général, & autres Secrétaires; les Aumôniers, Miniftres, Maîtres des Poftes, leurs Commis, Courriers, Poftillons, Médecins, Chirurgiens, Apothicaires, Directeurs & autres Officiers fervant dans les hôpitaux & armées; les Écuyers, Maîtres-d'hôtel, Valets-de-chambre, & tous les autres Domestiques, ne seront point sujets à être faits prisonniers de guerre, & seront renvoyés le plus tôt possible.

XXIV.

Les Valets faits prisonniers seront renvoyés de part & d'autre sans aucune difficulté; ceux qui déserteront sans avoir pris ni volé dans l'armée qu'ils quitteront, pourront jouir du passeport qu'on voudra bien leur accorder: par rapport aux voleurs, le vol doit toûjours être restitué, sans les renvoyer; mais les Généraux respectifs seront toûjours les maîtres de le faire en cas de meurtre ou d'assassinat.

Quant aux vols faits par les Soldats déserteurs, ils seront restitués, sans qu'on puisse exiger le renvoi desdits déserteurs, sous quelque prétexte que ce soit, s'en remettant de part & d'autre à la volonté respective des Généraux pour les déserteurs qui auront commis des meurtres ou autres crimes.

Tous Déserteurs, Domestiques ou autres, qui passeront d'un parti à l'autre, seront arrêtés aux premiers postes, où le Commandant aura grande attention de les faire fouiller, & de faire mettre par écrit les effets dont ils seront munis, sans permettre qu'ils puissent rien vendre ni donner; après quoi il les fera conduire à son Général, où lesdits Déserteurs, Domestiques ou autres seront détenus pendant trois jours, afin que, s'ils se trouvent être voleurs, on puisse de part & d'autre avoir le temps de les reclamer.

XXV.

Les échanges & rançons des Prisonniers, tant dans le premier que dans les suivans, se feront homme pour homme, & Officier pour Officier, à charge égale, jusqu'à ce qu'il ne se trouve plus de Prisonniers dans les armées ou dans les prisons, & après que tous les échanges auront été faits de tout ce qui se trouvera d'Officiers pour Officiers, & de Cavaliers, Dragons & Soldats, pour autant d'hommes de semblable espèce, s'il se trouve alors que l'un des deux partis ait de reste plus d'Officiers que de Soldats, ou plus de Soldats qu'Officiers, il lui sera permis de donner des Officiers pour des Cavaliers, Dragons & Soldats, suivant le tarif inséré dans le présent Cartel; & après que tous les échanges auront été faits en la manière ci-dessus, si l'un des deux partis se trouve avoir des Prisonniers de reste, qui n'auront pû être échangés, l'autre parti pourra les retirer en payant leur rançon; & pour cet effet il sera donné de part & d'autre un état de la quantité & qualité des Prisonniers qui auront été faits, tant dans les combats & rencontres, que dans les villes, châteaux & places qui auront été prises.

X X V I.

Qu'il sera donné à chaque Prisonnier de guerre, la ration de pain, telle que lesdites Troupes la reçoivent, & le prêt tel qu'il le reçoit dans le Corps où il sert; il sera permis respectivement de leur envoyer des secours; & dans les lieux de dépôt desdits prisonniers, il sera libre à chaque Général commandant les armées, d'y faire tenir un Officier ou Commissaire des guerres, avec un passeport, pour pourvoir aux secours qui seront donnés aux Prisonniers.

Il sera fait un décompte chaque mois du pain qui aura été donné aux Prisonniers de part & d'autre, pour que celui qui sera redevable à l'autre, ait à le rembourser sans difficulté; & le pain qui sera excédant, sera payé à raison de deux creutzers & un tiers de creutzer, ou de vingt-trois deniers & un tiers

de denier, argent de France, pour la ration de vingt-huit
onces, poids de marc, à seize onces la livre; la ration com-
posée de trente-deux onces ou de deux livres, sera payée par
conséquent à deux creutzers & deux tiers de creutzer, ou
vingt-six deniers & deux tiers de denier, argent de France. Il
sera pareillement fait un décompte à la fin de chaque mois,
des sommes fournies de part & d'autre pour le prêt convenu
pour chaque Prisonnier, & la somme redûe de part & d'autre
sera remboursée, comme il est dit ci-dessus; promettant réciproquement de mettre les Prisonniers dans des lieux honnêtes,
avec de la bonne paille, qu'on aura soin de rafraîchir de huit
en huit jours.

X X V I I.

Qu'on prendra soin des blessés de part & d'autre; qu'on
payera les médicamens & leur nourriture; que les frais seront
restitués de part & d'autre; qu'il sera permis de leur envoyer
des Chirurgiens & leurs Domestiques, avec des passeports
des Généraux; qu'au surplus ceux qui auront été faits Prisonniers, aussi-bien que ceux qui ne le seroient pas, seront renvoyés sous la protection & sauvegarde des Généraux, avec
liberté d'être transportés par eau ou par terre, suivant la plus
grande commodité & convenance des lieux où l'on sera, &
par le plus court chemin; à condition toutefois que ceux qui
auront été faits Prisonniers ne serviront pas qu'ils ne soient
échangés ou rançonnés.

X X V I I I.

Que les Malades de part & d'autre ne seront point faits
Prisonniers; qu'ils pourront rester en sûreté dans les hôpitaux,
où il sera libre à chacune des parties belligérantes & auxiliaires, de leur laisser une Garde, laquelle, ainsi que les

malades, feront renvoyés fous des paffeports refpectifs des Généraux, par le plus court chemin, & fans pouvoir être troublés ni arrêtés.

Il en fera de même des Commiffaires des guerres, Aumôniers, Médecins, Chirurgiens, Apothicaires, garçons Infirmiers, Servans ou autres perfonnes propres pour le fervice des malades, lefquels ne pourront être faits prifonniers, & feront pareillement renvoyés.

X X I X.

LES Sauvegardes jouiront de part & d'autre d'une entière fûreté; & dans le cas où elles fe trouveroient trop près des armées, elles feront renvoyées, fans qu'il leur foit fait aucune violence ni mauvais traitement.

X X X.

ON ne forcera en aucune manière les Prifonniers de s'enrôler.

X X X I.

IL fera permis aux Prifonniers de donner avis de leur détention par une lettre ouverte.

X X X I I.

S'IL arrivoit qu'il y eût quelque Officier, dont la rançon ne fût pas réglée dans le préfent Cartel, ou qu'il furvînt quelque difficulté, on en conviendra de part & d'autre; & ce qui fera réfolu, fera obfervé & tenu pour être inféré dans le préfent Traité, fuivant les certificats qui en feront donnés par les Généraux des armées ou les Gouverneurs & Commandans des places.

X X X I I I.

ET pour pleine & entière exécution du préfent Cartel,

nous l'avons signé, & y avons mis le sceau de nos armes, lequel sera de pleine valeur, pour être inviolablement observé, tout ainsi que s'il étoit signé de Leurs Majestés nos Souverains; & pour plus grande assurance, après en avoir obtenu le pouvoir de Leurs Majestés, nous déclarons qu'il sera même par Elles ratifié. FAIT à Brandebourg le septiéme du mois de septembre de l'année mil sept cent cinquante-neuf.

(*L. S.*) PIERRE-FRANÇOIS DE ROUGÉ. (*L. S.*) JEAN-HENRI-GUILLAUME DE BUDDENBROCK.

Ratification du Roi.

LE ROI ayant vû & lû le Traité ci-dessus, passé entre le sieur Marquis de Rougé, Maréchal-de-camp en ses Armées, au nom & de la part de Sa Majesté; & le Baron de Buddenbrock, Général-Major de Sa Majesté le Roi de Prusse, ayant ordre & pouvoir de Sadite Majesté pour échange & rançon des Prisonniers de guerre des Troupes des deux Puissances: Et Sa Majesté ayant ledit Traité pour agréable, Elle l'a approuvé, ratifié & confirmé; approuve, ratifie & confirme: Promet en foi & parole de Roi, de le garder & faire garder, entretenir & observer dans tous ses points & articles, sans y contrevenir ni permettre qu'il y soit contrevenu en aucune manière de sa part; à condition qu'il sera pareillement gardé, entretenu & observé de la part de Sa Majesté le Roi de Prusse: En témoin de quoi Sa Majesté a signé la présente de sa main, y a fait apposer le sceau de son secret, & l'a fait contre-signer par moi son Conseiller Secrétaire d'Etat & de ses commandemens & finances. FAIT à Versailles le dix-neuf septembre mil sept cent cinquante-neuf. *Signé* LOUIS. *Et plus bas,* LE M.^{al} DUC DE BELLE-ISLE. Et scellé du petit sceau.

Ratification du Roi de Pruſſe.

NOUS FRÉDÉRIC, PAR LA GRACE DE DIEU, ROI DE PRUSSE, Marggrave de Brandenbourg, Archi-Chambellan & Prince-Électeur du S.ᵗ Empire Romain, ſouverain Duc de Siléſie, ſouverain Prince d'Orange, Neufchâtel & Vallengin, comme auſſi de la Comté de Glatz, Duc de Gueldre, de Magdebourg, Clèves, Juliers, Bergue, Stettin, Poméranie, des Caſſubes & Vandales, de Méclenbourg, comme auſſi de Croſne, Bourggrave de Nurenberg ; Prince de Halberſtadt, de Minde, Cammin, Vandalie, Suerin de Ratzebourg, Oſtfriſe & Meurs ; Comte de Hohen-Zollern, de Ruppin, de la Marc, de Ravenſberg, Hohenſtein, Tecklenbourg, Suerin, Lingue, Bure & Leerdam ; Seigneur de Ravenſtein, de Roſtock, Stargard, Lawenbourg, Butau, Arlay & Breda, &c. SAVOIR FAISONS qu'ayant vû & examiné le Cartel ou Convention pour l'échange & la rançon des Priſonniers de guerre de nos Troupes & de celles du Roi Très-Chrétien, que le ſieur Jean-Henri-Guillaume de Buddenbrock, Général-Major de nos armées, a conclu & ſigné à Brandebourg le 7 du mois de ſeptembre courant de l'année préſente, avec le ſieur Pierre-François, Marquis de Rougé, Maréchal des camps & armées du Roi Très-Chrétien, en vertu de leurs pouvoirs reſpectifs ; de laquelle convention la teneur s'enſuit :

Fiat inſertio.

NOUS approuvons, ratifions & confirmons par ces préſentes la ſuſdite Convention, dans tous les points & articles qui y ſont contenus ; promettant en foi & parole de Roi de l'accomplir, de l'obſerver & de la faire obſerver, ſans y contrevenir, ni souffrir qu'il y soit contrevenu ni directement ni indirectement, en quelque manière que ce soit: En foi de quoi nous avons signé la présente ratification, & y avons fait apposer notre sceau Royal. DONNÉ à Magdebourg le neuvième de septembre, l'an de grace mil sept cent cinquante-neuf, & de notre règne le vingtième. *Signé* FEDERIC. *Et plus bas,* COMTE DE PODEWILS & FINCKENSTEIN. Et scellé du sceau Royal.

A PARIS,
DE L'IMPRIMERIE ROYALE.

M. DCCLIX.